Ce livre appartient à

Nom :

Téléphone :

Adresse :

Parfait pour le chef de chantier ou le directeur

Nom du projet :

N° du projet :

Date :

Contremaître :

Jour :

Visiteurs

Programme

Problèmes

Questions de sécurité

Résumé du travail

Signature :

Employé	Commerce	Heures	Heures supplémentaires

Équipement sur place	Nombre d'unités

Matériaux livrés	Nombre d'unités	Équipement loué	Taux

<table>
<tr><td align="center">Autres</td></tr>
</table>

Notes :

Nom du projet :

Contremaître :

| N° du projet : |
| Date : |
| Jour : |

| Visiteurs | Programme |

| Problèmes | Questions de sécurité |

| Résumé du travail |

Signature :

Employé	Commerce	Heures	Heures supplémentaires

Employé	Commerce	Heures	Heures supplémentaires

Équipement sur place	Nombre d'unités

Matériaux livrés	Nombre d'unités	Équipement loué	Taux

Autres

Notes :

Nom du projet :

N° du projet :

Date :

Contremaître :

Jour :

<table>
<tr><td>Visiteurs</td><td>Programme</td></tr>
</table>

<table>
<tr><td>Problèmes</td><td>Questions de sécurité</td></tr>
</table>

Résumé du travail

Signature :

Employé	Commerce	Heures	Heures supplémentaires

Équipement sur place	Nombre d'unités

Matériaux livrés	Nombre d'unités	Équipement loué	Taux

Autres

Notes :

Nom du projet :

N° du projet :

Date :

Contremaître :

Jour :

Visiteurs

Programme

Problèmes

Questions de sécurité

Résumé du travail

Signature :

Employé	Commerce	Heures	Heures supplémentaires

Équipement sur place	Nombre d'unités

Matériaux livrés	Nombre d'unités	Équipement loué	Taux

<table>
<tr><th>Autres</th></tr>
</table>

Notes :

Nom du projet :

N° du projet :

Date :

Contremaître :

Jour :

Visiteurs

Programme

Problèmes

Questions de sécurité

Résumé du travail

Signature :

Employé	Commerce	Heures	Heures supplémentaires

Employé	Commerce	Heures	Heures supplémentaires

Équipement sur place	Nombre d'unités

Matériaux livrés	Nombre d'unités	Équipement loué	Taux

Autres

Notes :

Nom du projet :

Contremaître :

<table>
<tr><td>N° du projet :</td></tr>
<tr><td>Date :</td></tr>
<tr><td>Jour :</td></tr>
</table>

Visiteurs

Programme

Problèmes

Questions de sécurité

Résumé du travail

Signature :

Employé	Commerce	Heures	Heures supplémentaires
Employé	Commerce	Heures	Heures supplémentaires

Équipement sur place	Nombre d'unités

Matériaux livrés	Nombre d'unités	Équipement loué	Taux

Autres

Notes :

Nom du projet :

Contremaître :

N° du projet :

Date :

Jour :

Visiteurs

Programme

Problèmes

Questions de sécurité

Résumé du travail

Signature :

Employé	Commerce	Heures	Heures supplémentaires
Employé	Commerce	Heures	Heures supplémentaires

Équipement sur place	Nombre d'unités

Matériaux livrés	Nombre d'unités	Équipement loué	Taux

Autres

Notes :

Nom du projet :

N° du projet :

Date :

Contremaître :

Jour :

Visiteurs	Programme

Problèmes	Questions de sécurité

Résumé du travail

Signature :

Employé	Commerce	Heures	Heures supplémentaires

Équipement sur place	Nombre d'unités

Matériaux livrés	Nombre d'unités	Équipement loué	Taux

Autres

Notes :

Nom du projet :

N° du projet :

Date :

Contremaître :

Jour :

Visiteurs

Programme

Problèmes

Questions de sécurité

Résumé du travail

Signature :

Employé	Commerce	Heures	Heures supplémentaires

Équipement sur place	Nombre d'unités

Matériaux livrés	Nombre d'unités	Équipement loué	Taux

Autres

Notes :

Nom du projet :

N° du projet :

Date :

Contremaître :

Jour :

Visiteurs	Programme

Problèmes	Questions de sécurité

Résumé du travail

Signature :

Employé	Commerce	Heures	Heures supplémentaires

Équipement sur place	Nombre d'unités

Matériaux livrés	Nombre d'unités	Équipement loué	Taux

Autres

Notes :

Nom du projet :

N° du projet :

Date :

Contremaître :

Jour :

Visiteurs	Programme

Problèmes	Questions de sécurité

Résumé du travail

Signature :

Employé	Commerce	Heures	Heures supplémentaires

Équipement sur place	Nombre d'unités

Matériaux livrés	Nombre d'unités	Équipement loué	Taux

<table>
<tr><td>Autres</td></tr>
</table>

Notes :

Nom du projet :

N° du projet :

Date :

Contremaître :

Jour :

Visiteurs

Programme

Problèmes

Questions de sécurité

Résumé du travail

Signature :

Employé	Commerce	Heures	Heures supplémentaires

Employé	Commerce	Heures	Heures supplémentaires

Équipement sur place	Nombre d'unités

Matériaux livrés	Nombre d'unités	Équipement loué	Taux

Autres

Notes :

Nom du projet :

N° du projet :

Date :

Contremaître :

Jour :

Visiteurs	Programme

Problèmes	Questions de sécurité

Résumé du travail

Signature :

Employé	Commerce	Heures	Heures supplémentaires

Équipement sur place	Nombre d'unités

Matériaux livrés	Nombre d'unités	Équipement loué	Taux

Autres

Notes :

Nom du projet :

N° du projet :

Date :

Contremaître :

Jour :

Visiteurs	Programme

Problèmes	Questions de sécurité

Résumé du travail

Signature :

Employé	Commerce	Heures	Heures supplémentaires

Équipement sur place	Nombre d'unités

Matériaux livrés	Nombre d'unités	Équipement loué	Taux

Autres

Notes :

Nom du projet :

Contremaître :

| N° du projet : |
| Date : |
| Jour : |

<table>
<tr><td>Visiteurs</td><td>Programme</td></tr>
</table>

<table>
<tr><td>Problèmes</td><td>Questions de sécurité</td></tr>
</table>

Résumé du travail

Signature :

Employé	Commerce	Heures	Heures supplémentaires
Employé	Commerce	Heures	Heures supplémentaires

Équipement sur place	Nombre d'unités

Matériaux livrés	Nombre d'unités	Équipement loué	Taux

Autres

Notes :

Nom du projet :

N° du projet :

Date :

Contremaître :

Jour :

Visiteurs	Programme

Problèmes	Questions de sécurité

Résumé du travail

Signature :

Employé	Commerce	Heures	Heures supplémentaires

Équipement sur place	Nombre d'unités

Matériaux livrés	Nombre d'unités	Équipement loué	Taux

<table><tr><td>Autres</td></tr></table>

Notes :

Nom du projet :

Contremaître :

N° du projet :

Date :

Jour :

Visiteurs	Programme

Problèmes	Questions de sécurité

Résumé du travail

Signature :

Employé	Commerce	Heures	Heures supplémentaires
Employé	Commerce	Heures	Heures supplémentaires

Équipement sur place	Nombre d'unités

Matériaux livrés	Nombre d'unités	Équipement loué	Taux

Autres

Notes :

Nom du projet :

N° du projet :

Date :

Contremaître :

Jour :

Visiteurs	Programme

Problèmes	Questions de sécurité

Résumé du travail

Signature :

Employé	Commerce	Heures	Heures supplémentaires

Employé	Commerce	Heures	Heures supplémentaires

Équipement sur place	Nombre d'unités

Matériaux livrés	Nombre d'unités	Équipement loué	Taux

<table>
<tr><td align="center">Autres</td></tr>
</table>

Notes :

Nom du projet :

N° du projet :

Date :

Contremaître :

Jour :

Visiteurs	Programme

Problèmes	Questions de sécurité

Résumé du travail

Signature :

Employé	Commerce	Heures	Heures supplémentaires

Équipement sur place	Nombre d'unités

Matériaux livrés	Nombre d'unités	Équipement loué	Taux

Autres

Notes :

Nom du projet :

Contremaître :

N° du projet :

Date :

Jour :

Visiteurs	Programme

Problèmes	Questions de sécurité

Résumé du travail

Signature :

Employé	Commerce	Heures	Heures supplémentaires

Équipement sur place	Nombre d'unités

Matériaux livrés	Nombre d'unités	Équipement loué	Taux

Notes :

Nom du projet :

Contremaître :

N° du projet :

Date :

Jour :

Visiteurs	Programme

Problèmes	Questions de sécurité

Résumé du travail

Signature :

Employé	Commerce	Heures	Heures supplémentaires

Employé	Commerce	Heures	Heures supplémentaires

Équipement sur place	Nombre d'unités

Matériaux livrés	Nombre d'unités	Équipement loué	Taux

Autres

Notes :

Nom du projet :

Contremaître :

N° du projet :

Date :

Jour :

Visiteurs	Programme

Problèmes	Questions de sécurité

Résumé du travail

Signature :

Employé	Commerce	Heures	Heures supplémentaires

Employé	Commerce	Heures	Heures supplémentaires

Équipement sur place	Nombre d'unités

Matériaux livrés	Nombre d'unités	Équipement loué	Taux

Autres

Notes :

Nom du projet :

Contremaître :

N° du projet :	
Date :	
Jour :	

Visiteurs	Programme

Problèmes	Questions de sécurité

Résumé du travail

Signature :

Employé	Commerce	Heures	Heures supplémentaires

Employé	Commerce	Heures	Heures supplémentaires

Équipement sur place	Nombre d'unités

Matériaux livrés	Nombre d'unités	Équipement loué	Taux

Autres

Notes :

Nom du projet :

N° du projet :

Date :

Contremaître :

Jour :

Visiteurs	Programme

Problèmes	Questions de sécurité

Résumé du travail

Signature :

Employé	Commerce	Heures	Heures supplémentaires

Équipement sur place	Nombre d'unités

Matériaux livrés	Nombre d'unités	Équipement loué	Taux

Autres

Notes :

Nom du projet :

N° du projet :

Date :

Contremaître :

Jour :

Visiteurs

Programme

Problèmes

Questions de sécurité

Résumé du travail

Signature :

Employé	Commerce	Heures	Heures supplémentaires

Équipement sur place	Nombre d'unités

Matériaux livrés	Nombre d'unités	Équipement loué	Taux

<table>
<tr><td align="center">Autres</td></tr>
</table>

Notes :

Nom du projet :

N° du projet :

Date :

Contremaître :

Jour :

Visiteurs	Programme

Problèmes	Questions de sécurité

Résumé du travail

Signature :

Employé	Commerce	Heures	Heures supplémentaires

Employé	Commerce	Heures	Heures supplémentaires

Équipement sur place	Nombre d'unités

Matériaux livrés	Nombre d'unités	Équipement loué	Taux

<table>
<tr><td align="center">Autres</td></tr>
</table>

Notes :

Nom du projet :

N° du projet :

Date :

Contremaître :

Jour :

Visiteurs	Programme

Problèmes	Questions de sécurité

Résumé du travail

Signature :

Employé	Commerce	Heures	Heures supplémentaires

Équipement sur place	Nombre d'unités

Matériaux livrés	Nombre d'unités	Équipement loué	Taux

Autres

Notes :

Nom du projet :

N° du projet :

Date :

Contremaître :

Jour :

Visiteurs

Programme

Problèmes

Questions de sécurité

Résumé du travail

Signature :

Employé	Commerce	Heures	Heures supplémentaires

Employé	Commerce	Heures	Heures supplémentaires

Équipement sur place	Nombre d'unités

Matériaux livrés	Nombre d'unités	Équipement loué	Taux

<table><tr><td>Autres</td></tr></table>

Notes :

Nom du projet :

Contremaître :

N° du projet :

Date :

Jour :

Visiteurs	Programme

Problèmes	Questions de sécurité

Résumé du travail

Signature :

Employé	Commerce	Heures	Heures supplémentaires
Employé	Commerce	Heures	Heures supplémentaires

Équipement sur place	Nombre d'unités

Matériaux livrés	Nombre d'unités	Équipement loué	Taux

Autres

Notes :

Nom du projet :

N° du projet :

Date :

Contremaître :

Jour :

Visiteurs	Programme

Problèmes	Questions de sécurité

Résumé du travail

Signature :

Employé	Commerce	Heures	Heures supplémentaires

Équipement sur place	Nombre d'unités

Matériaux livrés	Nombre d'unités	Équipement loué	Taux

Autres

Notes :